Impressum
Verlag: BABADADA GmbH, Nedderfeld 112 , 22529 Hamburg
Geschäftsführer / Verlagsleitung: Harald Hof
Druck: Books on Demand GmbH, In de Tarpen 42, 22848 Norderstedt

Imprint
Publisher: BABADADA GmbH, Nedderfeld 112 , 22529 Hamburg, Germany
Managing Director / Publishing direction: Harald Hof
Print: Books on Demand GmbH, In de Tarpen 42, 22848 Norderstedt, Germany

school

escola

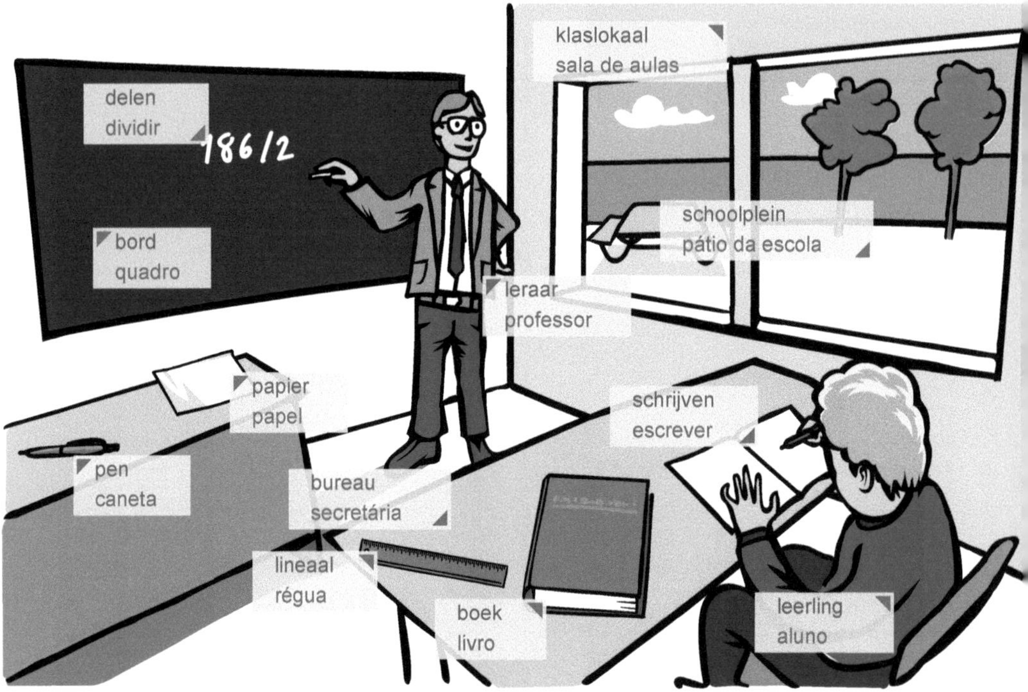
klaslokaal
sala de aulas
delen
dividir
186/2
schoolplein
pátio da escola
bord
quadro
leraar
professor
papier
papel
schrijven
escrever
pen
caneta
bureau
secretária
lineaal
régua
boek
livro
leerling
aluno

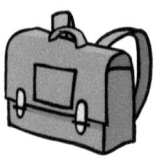

schooltas

mochila

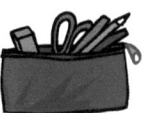

etui

estojo de lápis

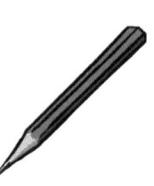

potlood

lápis

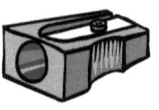

puntenslijper

afia-lápis

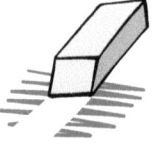

gum

borracha

schetsblok

bloco de desenho

tekening

desenho

penseel

pincel

verfdoos

caixa de tintas

schaar

tesoura

lijm

cola

schrift

livro de exercícios

huiswerk

trabalhos de casa

getal

número

optellen

somar

aftrekken

subtrair

vermenigvuldigen

multiplicar

rekenen

calcular

letter

letra

alfabet

alfabeto

woord

palavra

tekst

texto

lezen

ler

krijt

giz

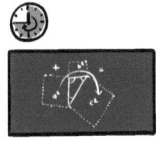

les

hora

klassenboek

registo de presenças

examen

exame

diploma

certificado

schooluniform

uniforme escolar

opleiding

educação

encyclopedie

enciclopédia

universiteit

universidade

microscoop

microscópio

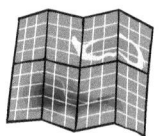

kaart

mapa

prullenmand

cesto de lixo

school - escola

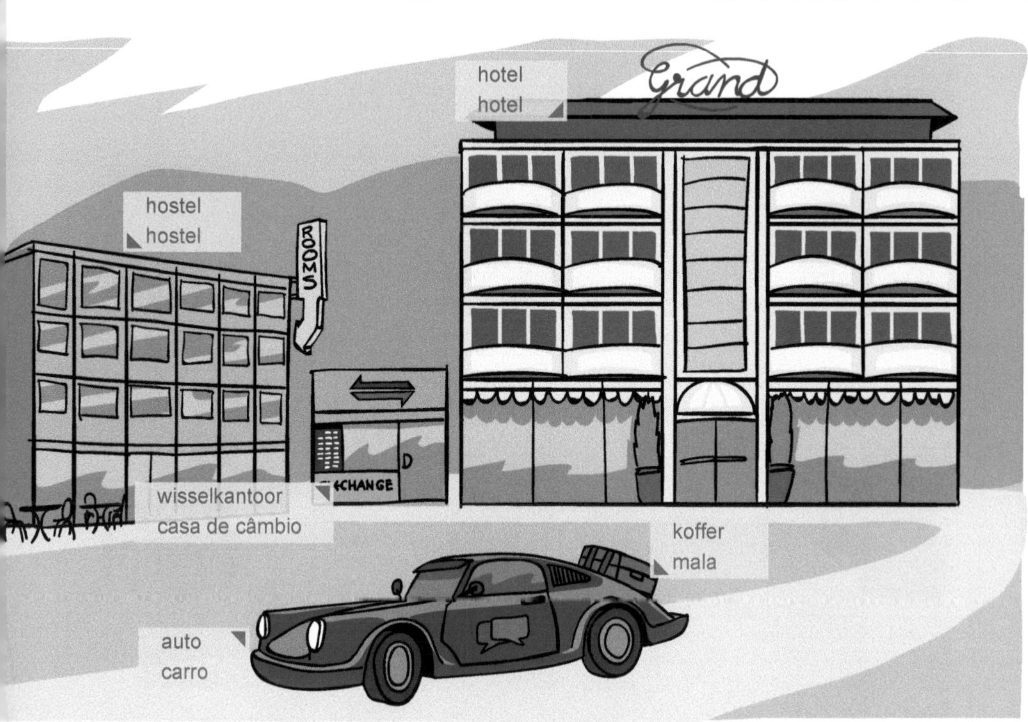

hotel
hotel

hostel
hostel

wisselkantoor
casa de câmbio

koffer
mala

auto
carro

taal
idioma

ja / nee
sim / não

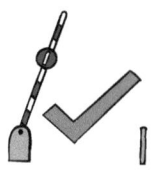

oké
ok / certo / correto

Hallo!
olá

tolk
intérprete

Bedankt.
obrigado

Wat kost ...?

quanto é que custa... ?

Ik begrijp het niet.

não entendo

probleem

problema

Goedenavond!

boa noite!

Goedemorgen!

Bom dia!

Goedenacht!

Boa noite!

Tot ziens!

adeus

richting

direção

bagage

bagagem

tas

saco

rugzak

mochila

gast

convidado

kamer

quarto

slaapzak

saco-cama

tent

tenda

VVV-kantoor

informação turística

strand

praia

creditkaart

cartão de crédito

ontbijt

pequeno-almoço

lunch

almoço

diner

jantar

kaartje

bilhete

lift

elevador

postzegel

selo postal

grens

fronteira

douane

alfândega

ambassade

embaixada

visum

visto

paspoort

passaporte

reis - viagem

transport
transporte

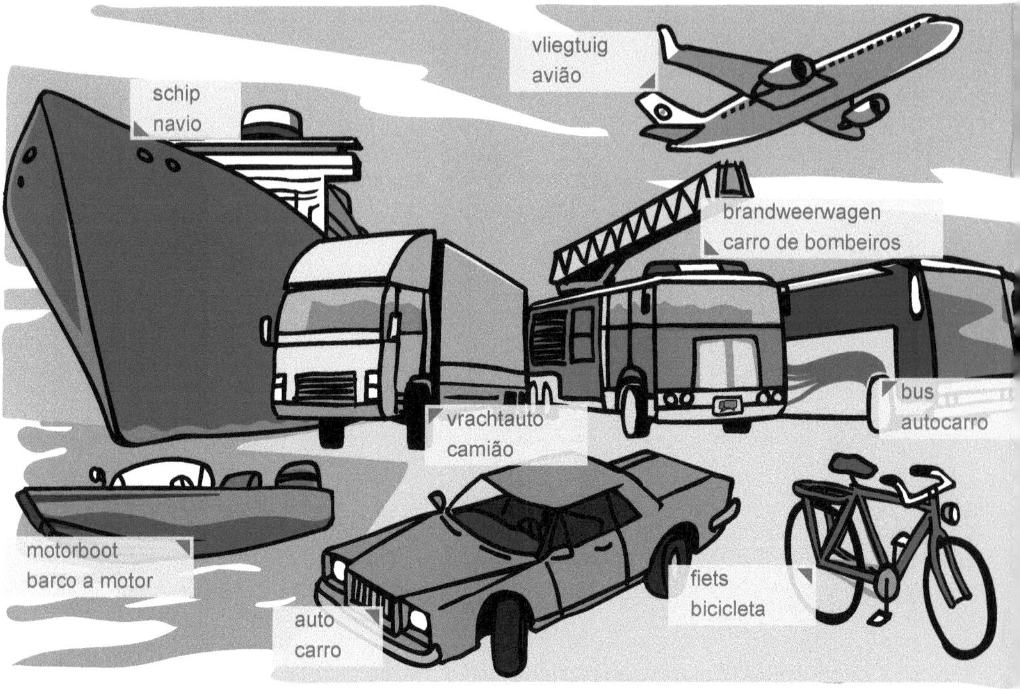
vliegtuig
avião
schip
navio
brandweerwagen
carro de bombeiros
bus
autocarro
vrachtauto
camião
motorboot
barco a motor
fiets
bicicleta
auto
carro

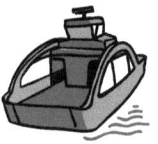

veerboot

cacilheiro

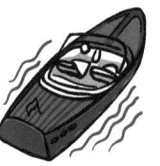

boot

barco

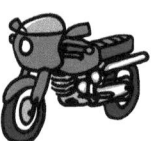

motorfiets

mota

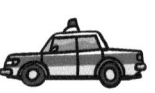

politiewagen

carro de polícia

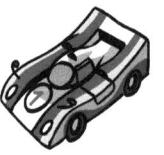

raceauto

carro de corrida

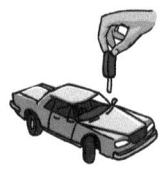

huurauto

carro alugado

carsharing

carsharing

takelwagen

camião de reboque

vuilniswagen

camião do lixo

motor

motor

benzine

combustível

benzinepomp

estação de serviço

verkeersbord

sinal de trânsito

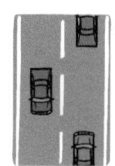

verkeer

trânsito

file

congestionamento de trânsito

parkeerplaats

parque de estacionamento

station

estação ferroviária

rails

carris

trein

comboio

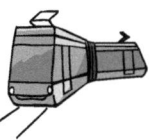

tram

elétrico

wagon

carruagem

helikopter
helicóptero

luchthaven
aeroporto

toren
torre

passagier
passageiro

container
contentor

verhuisdoos
caixa de papelão

kar
carrinho

mand
cesto

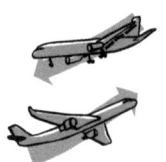

opstijgen / landen
levantar voo / aterrar

stad
cidade

dorp
aldeia

stadscentrum
centro da cidade

huis
casa

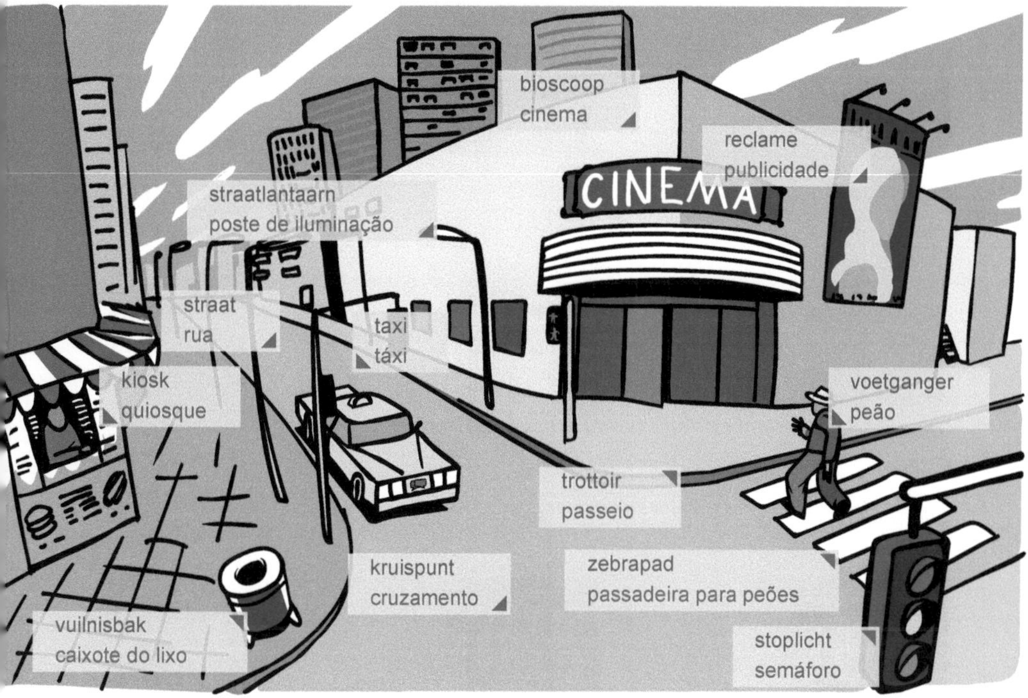
bioscoop
cinema
CINEMA
reclame
publicidade
straatlantaarn
poste de iluminação
straat
rua
taxi
táxi
kiosk
quiosque
voetganger
peão
trottoir
passeio
kruispunt
cruzamento
zebrapad
passadeira para peões
vuilnisbak
caixote do lixo
stoplicht
semáforo

hut

cabana

appartement

apartamento

station

estação ferroviária

stadhuis

câmara municipal

MUSEUM

museum

museu

school

escola

universiteit

universidade

bank

banco

ziekenhuis

hospital

hotel

hotel

apotheek

farmácia

kantoor

escritório

boekenwinkel

livraria

winkel

loja

bloemenwinkel

florista

supermarkt

supermercado

markt

mercado

warenhuis

loja de departamentos

visboer

peixaria

winkelcentrum

centro comercial

haven

porto

park

parque

bank

banco

brug

ponte

trap

escadas

metro

metro

tunnel

túnel

bushalte

paragem de autocarro

bar

bar

restaurant

restaurante

brievenbus

caixa de correio

straatnaambord

sinal de trânsito

parkeermeter

parquímetro

dierentuin

jardim zoológico

zwembad

piscina

moskee

mesquita

boerderij
quinta

vervuiling
poluição

begraafplaats
cemitério

kerk
igreja

speelplaats
parque infantil

tempel
templo

landschap
paisagem

blad
folha

wegwijzer
placa de sinalização

weg
caminho

weide
prado

steen
pedra

boom
árvore

wandelaar
caminhantes

rivier
rio

gras
relva

bloem
flor

vallei

vale

berg

montanha

meer

lago

bos

floresta

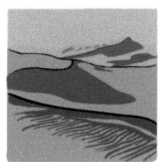

woestijn

deserto

vulkaan

vulcão

kasteel

castelo

regenboog

arco-íris

paddenstoel

cogumelo

palmboom

palma

mug

mosquito

vlieg

mosca

mier

formiga

bij

abelha

spin

aranha

kever

besouro

kikker

sapo

eekhoorn

esquilo

egel

ouriço

haas

lebre

uil

coruja

vogel

pássaro

zwaan

cisne

wild zwijn

javali

hert

veado

eland

alce

stuwdam

barragem

windmolen

turbina eólica

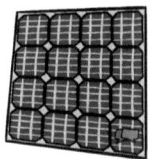

zonnepaneel

painel solar

klimaat

clima

restaurant
restaurante

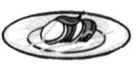

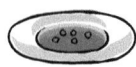

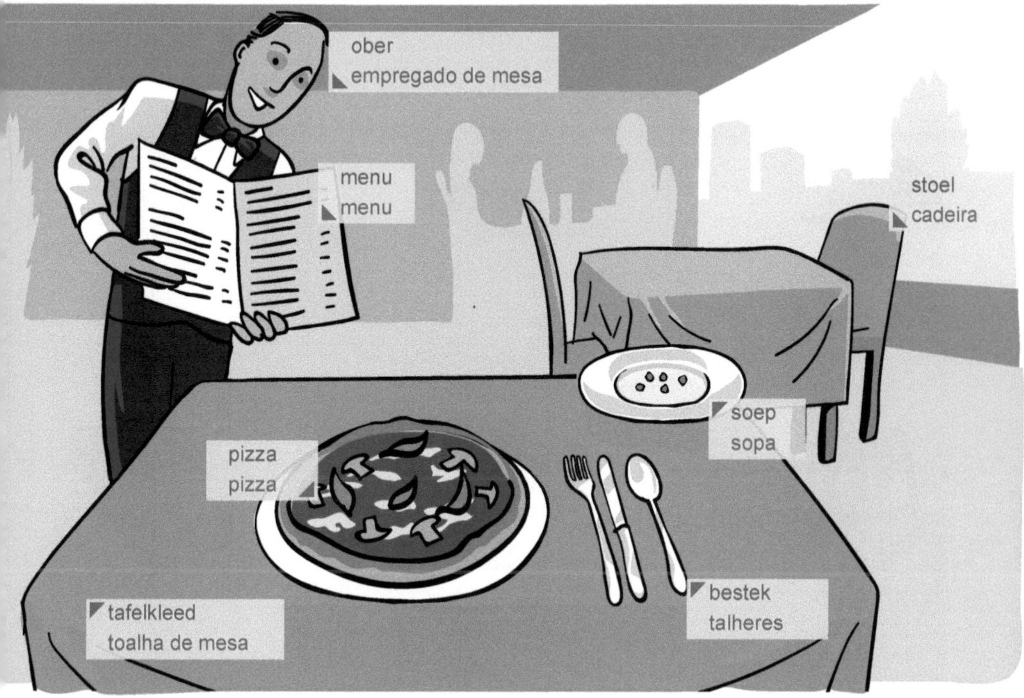
ober
empregado de mesa
menu
menu
stoel
cadeira
soep
sopa
pizza
pizza
bestek
talheres
tafelkleed
toalha de mesa

voorgerecht
entrada

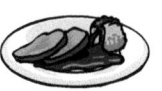

hoofdgerecht
prato principal

toetje
sobremesa

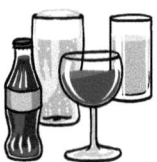

dranken
bebidas

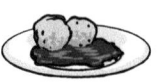

eten
comida

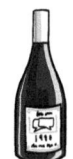

fles
garrafa

fastfood
fast food

eetkraampje
comida de rua

theepot
bule de chá

suikerpot
açucareiro

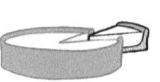

portie
porção

espressomachine
máquina de café expresso

kinderstoel
cadeira alta

rekening
conta

dienblad
bandeja

mes
faca

vork
garfo

lepel
colher

theelepel
colher de chá

servet
guardanapo

glas
copo

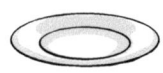

bord
prato

soepbord
prato de sopa

schotel
pires

saus
molho

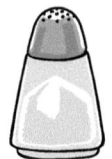

zoutvaatje
saleiro

pepermolen
moinho de pimenta

azijn
vinagre

olie
óleo

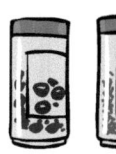

kruiden
especiarias

ketchup
ketchup

mosterd
mostarda

mayonaise
maionese

supermarkt
supermercado

aanbieding
oferta especial
FOR
klant
cliente
zuivelproducten
laticínios
fruit
fruta
winkelwagen
carrinho de compras

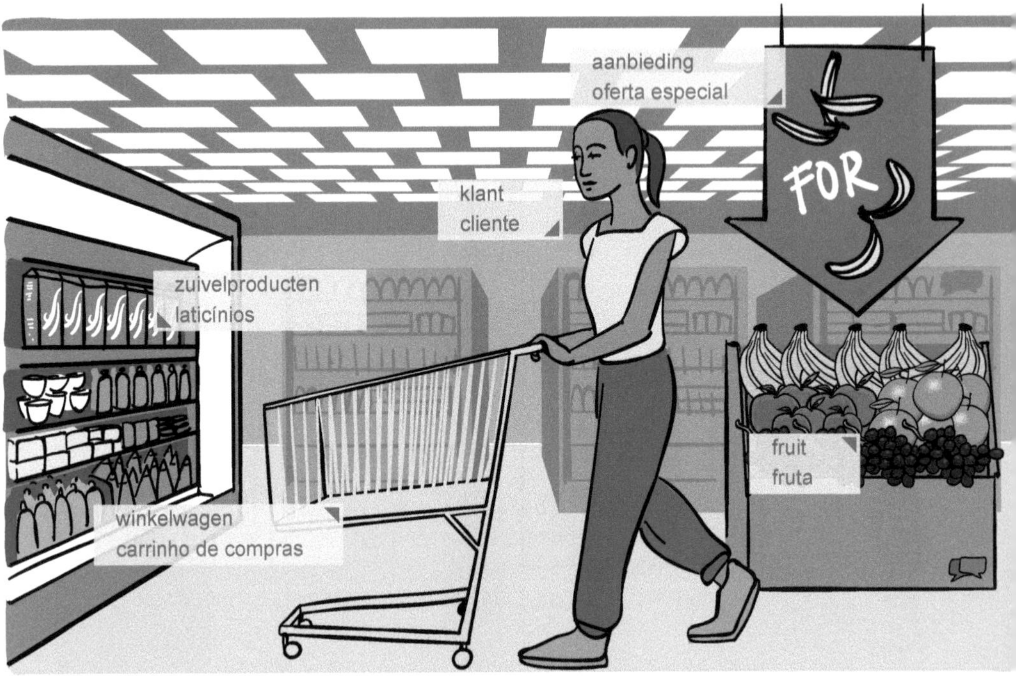

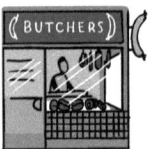

BUTCHERS

slager
talho

BAKERY

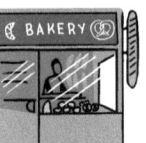

bakkerij
padaria

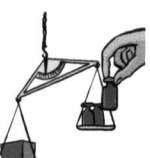

wegen
pesar

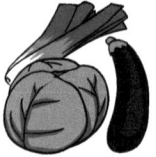

groente
vegetais

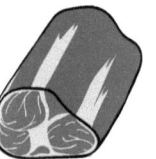

vlees
carne

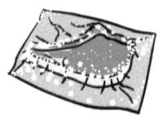

diepvriesproducten
alimentos congelados

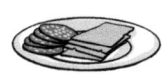

vleeswaren

charcutaria

conserven

comida enlatada

wasmiddel

detergente em pó

snoepgoed

doces

huishoudelijke artikelen

artigos domésticos

schoonmaakmiddel

produtos de limpeza

verkoopster

vendedora

kassa

caixa

kassier

caixa

boodschappenlijstje

lista de compras

openingstijden

horário de funcionamento

portefeuille

carteira

creditkaart

cartão de crédito

tas

saco

plastic zak

saco de plástico

supermarkt - supermercado

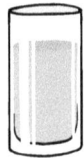

water
águа

sap
sumo

melk
leite

cola
coca-cola

wijn
vinho

bier
cerveja

alcohol
álcool

chocolademelk
cacau

thee
chá

koffie
café

espresso
café expresso

cappuccino
capuccino

banaan

banana

appel

maçã

sinaasappel

laranja

watermeloen

melão

citroen

limão

wortel

cenoura

knoflook

alho

bamboe

bambu

ui

cebola

paddenstoel

cogumelo

noten

nozes

pasta

talharim

spaghetti

esparguete

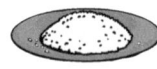

rijst

arroz

salade

salada

friet

batatas fritas

gebakken aardappelen

batatas fritas

pizza

pizza

hamburger

hambúrguer

sandwich

sanduíche

schnitzel

bife panado

ham

fiambre

salami

salame

worst

salsicha

kip

galinha

gebraad

assado

vis

peixe

havermout

flocos de aveia

muesli

muesli

cornflakes

flocos de milho

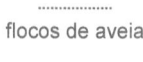

meel

farinha

croissant

croissant

broodjes

carcaça (pãozinho)

brood

pão

toast

torrada

koekjes

biscoitos

boter

manteiga

kwark

requeijão

taart

bolo

ei

ovo

gebakken ei

ovo estrelado

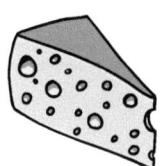

kaas

queijo

ijs

gelado

suiker

açúcar

honing

mel

jam

compota

chocoladepasta

creme de nougat

kerrie

caril

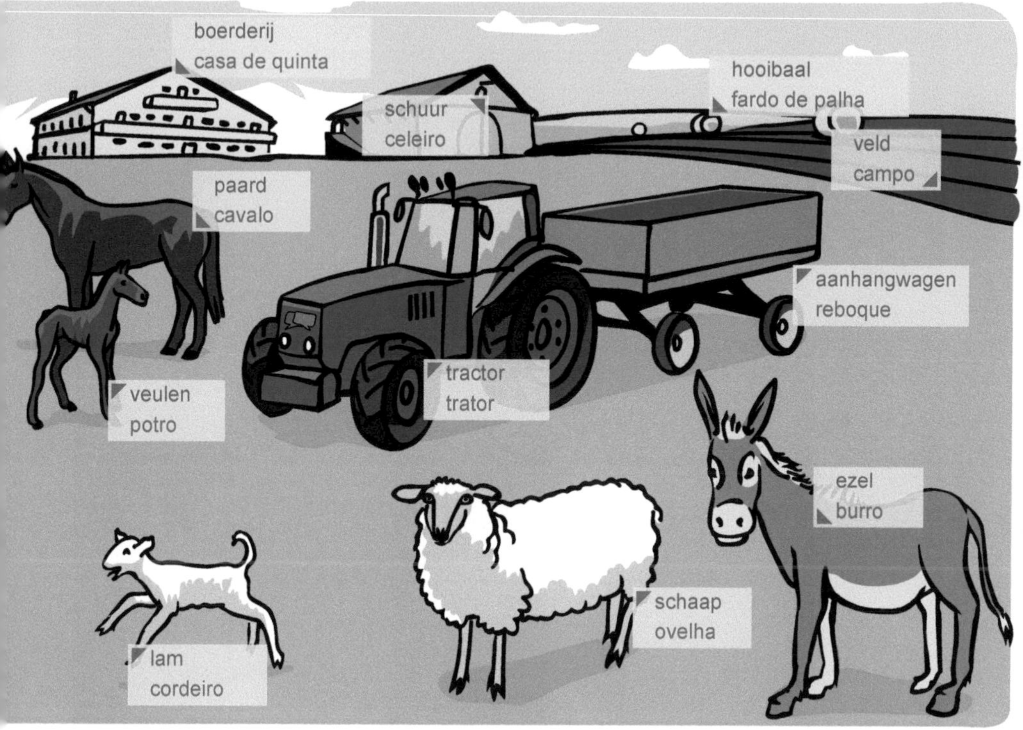

boerderij
casa de quinta

schuur
celeiro

hooibaal
fardo de palha

veld
campo

paard
cavalo

aanhangwagen
reboque

tractor
trator

veulen
potro

ezel
burro

schaap
ovelha

lam
cordeiro

geit

cabra

koe

vaca

kalf

bezerro

varken

porco

big

leitão

stier

touro

gans

ganso

eend

pato

kuiken

pintaínho

kip

galinha

haan

galo

rat

ratazana

kat

gato

muis

rato

os

boi

hond

cão

hondenhok

casota

tuinslang

mangueira de jardim

gieter

regador

zeis

foice

ploeg

arado

sikkel

foice

schoffel

enxada

hooivork

forquilha

bijl

machado

kruiwagen

carrinho de mão

trog

manjedoura

melkbus

jarro de leite

zak

saco

hek

cerca

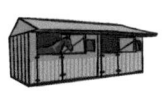

stal

estábulo

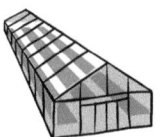

broeikas

estufa

grond

solo

zaad

semente

mest

fertilizante

maaidorser

ceifeira-debulhadora

oogsten

colher

oogst

colheita

yam

inhame

tarwe

trigo

soja

soja

aardappel

batata

maïs

milho

koolzaad

colza

fruitboom

árvore de fruto

maniok

mandioca

granen

cereais

huis

casa

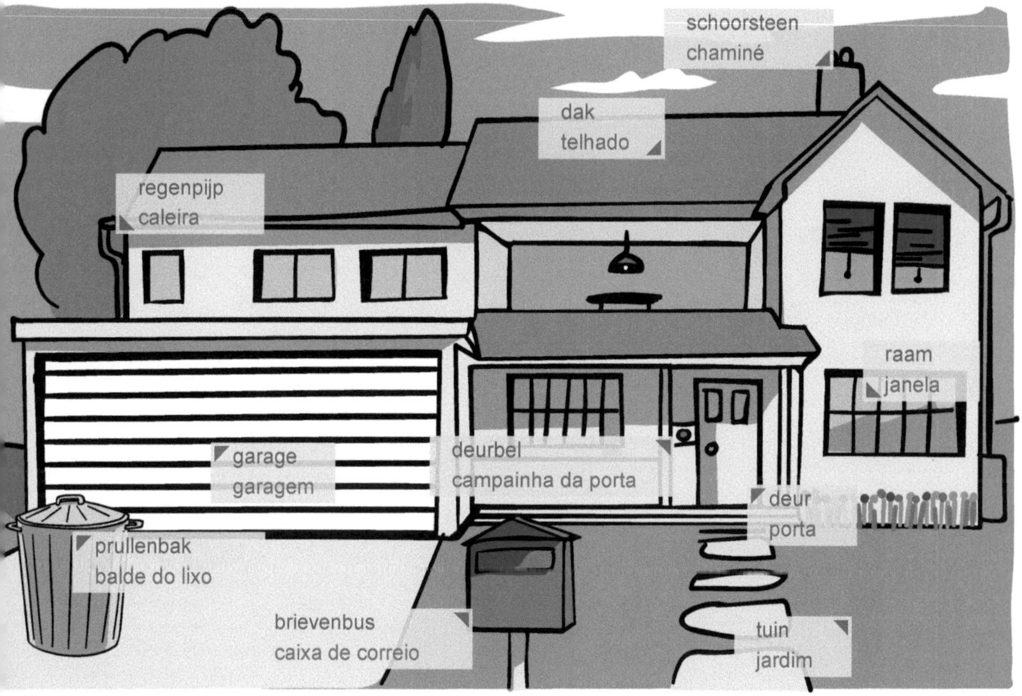
schoorsteen
chaminé
dak
telhado
regenpijp
caleira
raam
janela
garage
garagem
deurbel
campainha da porta
deur
porta
prullenbak
balde do lixo
brievenbus
caixa de correio
tuin
jardim

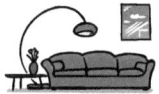

woonkamer

sala de estar

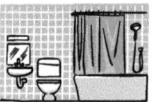

badkamer

casa de banho

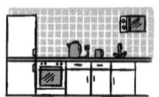

keuken

cozinha

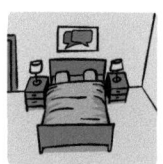

slaapkamer

quarto de dormir

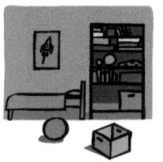

kinderkamer

quarto de criança

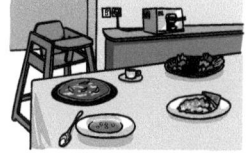

eetkamer

sala de jantar

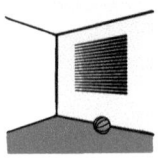

vloer

chão

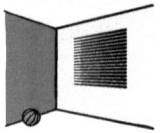

muur

parede

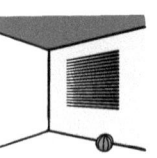

plafond

teto

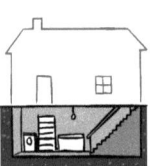

kelder

cave

sauna

sauna

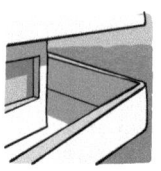

balkon

varanda

terras

terraço

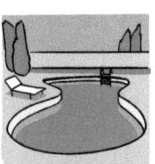

zwembad

piscina

grasmaaier

máquina de cortar relvado

laken

lençol

bedsprei

cobertor

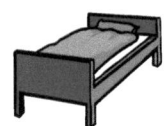

bed

cama

bezem

vassoura

emmer

balde

schakelaar

interruptor

woonkamer

sala de estar

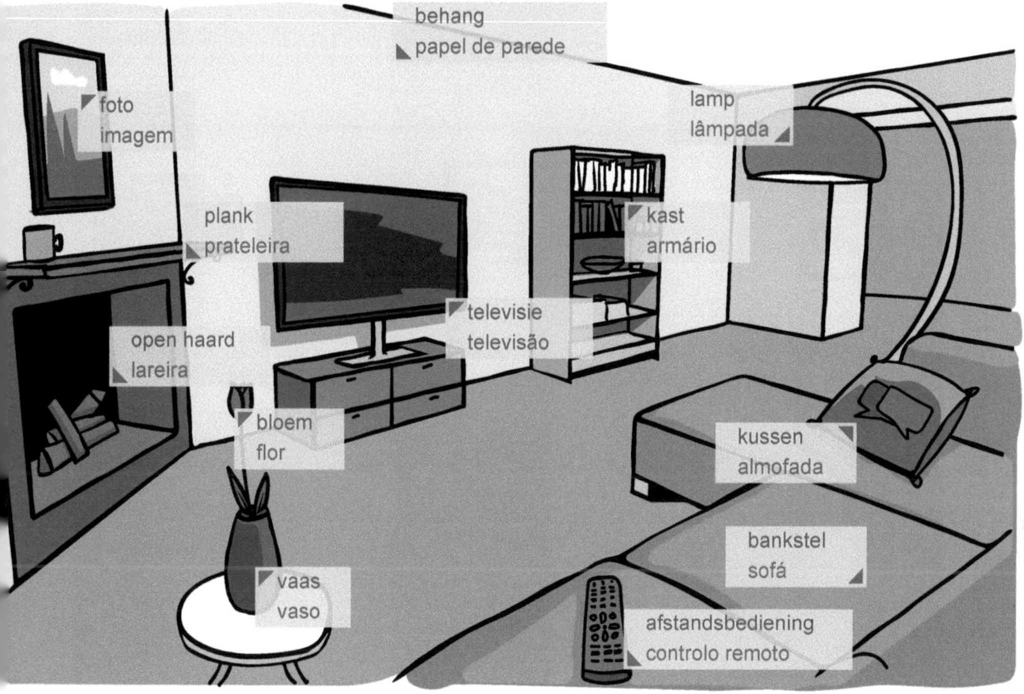
behang
papel de parede
foto
imagem
lamp
lâmpada
plank
prateleira
kast
armário
televisie
televisão
open haard
lareira
bloem
flor
kussen
almofada
bankstel
sofá
vaas
vaso
afstandsbediening
controlo remoto

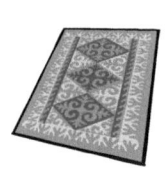

tapijt

tapete

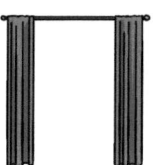

gordijn

cortina

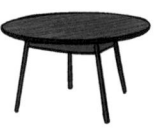

tafel

mesa

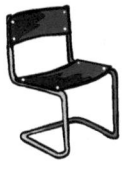

stoel

cadeira

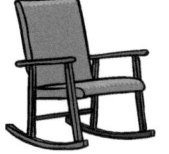

schommelstoel

cadeira de baloiço

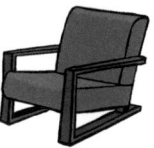

stoel

poltrona

boek
livro

deken
cobertor

decoratie
decoração

brandhout
lenha

film
filme

stereo-installatie
sistema estéreo

sleutel
chave

krant
jornal

schilderij
pintura

poster
póster

radio
rádio

kladblok
bloco de notas

stofzuiger
aspirador

cactus
cato

kaars
vela

keuken
cozinha

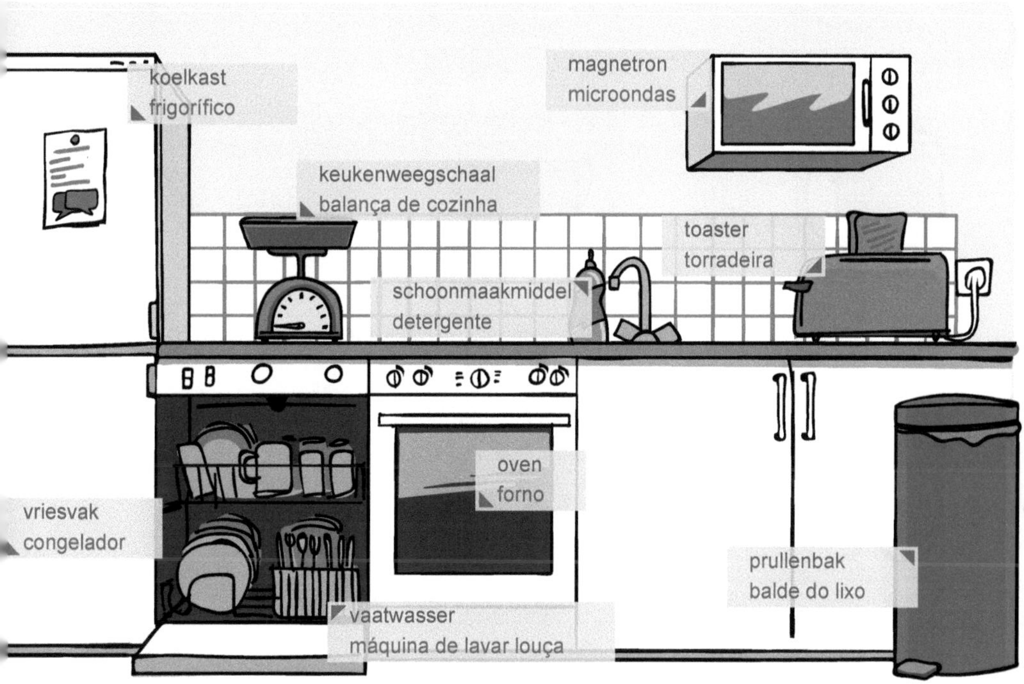

koelkast
frigorífico
magnetron
microondas
keukenweegschaal
balança de cozinha
toaster
torradeira
schoonmaakmiddel
detergente
oven
forno
vriesvak
congelador
prullenbak
balde do lixo
vaatwasser
máquina de lavar louça

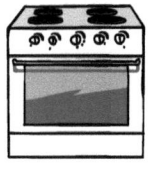

fornuis
fogão

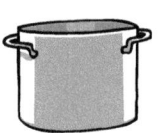

pan
panela

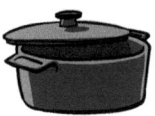

gietijzeren pan
panela de ferro

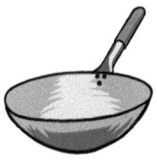

wok / kadai
wok / kadai

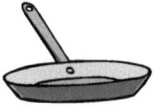

koekenpan
frigideira

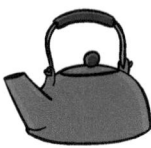

ketel
chaleira

stoomkoker

panela a vapor

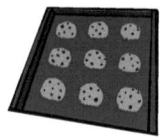

bakplaat

tabuleiro de forno

servies

louça

beker

caneca

kom

tigela

eetstokjes

pauzinhos

soeplepel

concha de sopa

spatel

espátula

garde

batedor de claras

vergiet

escorredor

zeef

peneira

rasp

ralador

vijzel

almofariz

barbecue

churrasqueira

vuurhaard

lareira

snijplank

tábua de cortar

deegroller

rolo da massa

kurkentrekker

saca-rolhas

blik

lata

blikopener

abridor de latas

pannenlap

luvas de forno

wasbak

lava-loiça

borstel

escova

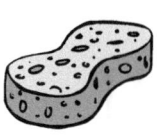

spons

esponja

blender

liquidificador

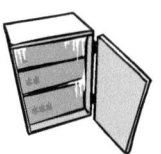

vriezer

arca frigorífica

babyflesje

biberão

kraan

torneira

badkamer

casa de banho

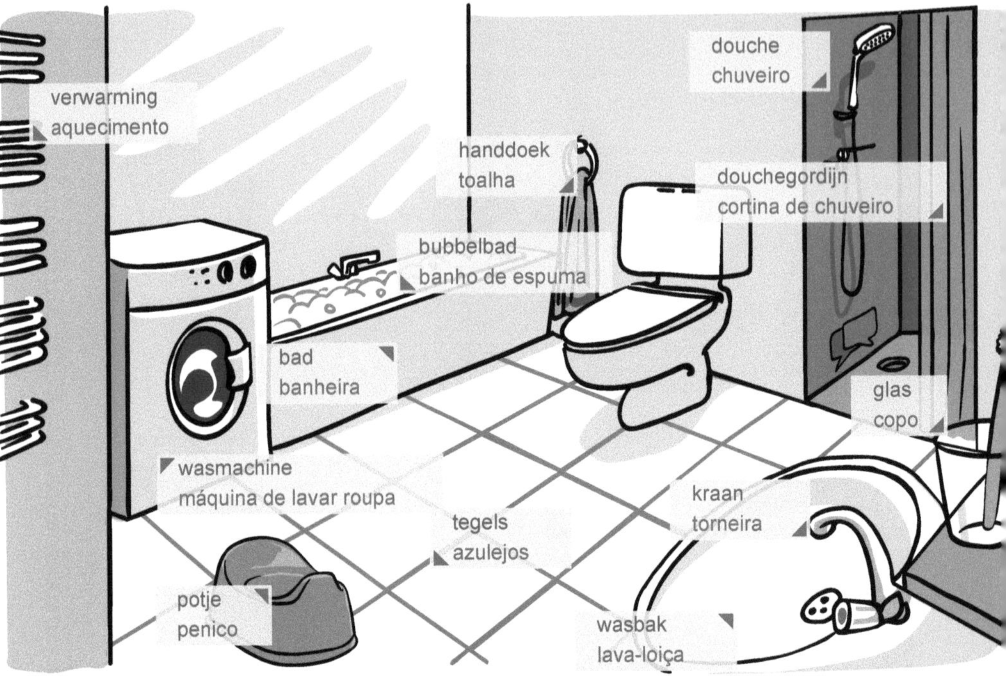
verwarming
aquecimento
handdoek
toalha
douche
chuveiro
douchegordijn
cortina de chuveiro
bubbelbad
banho de espuma
bad
banheira
glas
copo
wasmachine
máquina de lavar roupa
kraan
torneira
tegels
azulejos
potje
penico
wasbak
lava-loiça

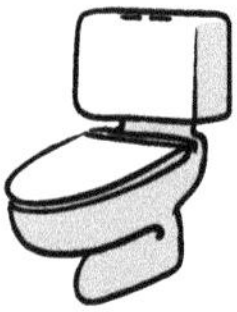

toilet

sanita

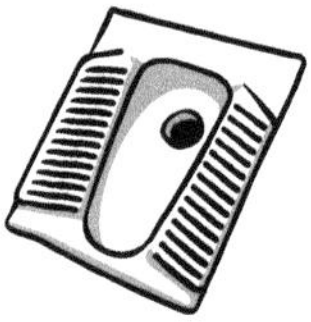

hurktoilet

retrete turca

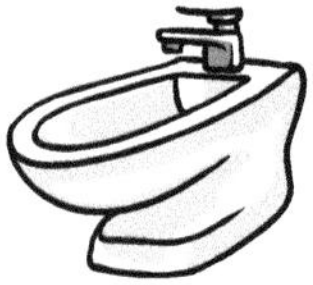

bidet

bidé

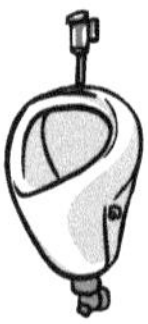

urinoir

urinol

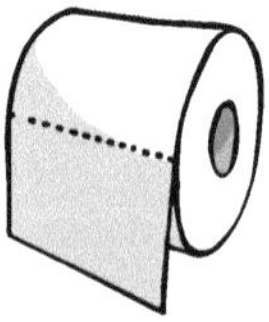

toiletpapier

papel higiénico

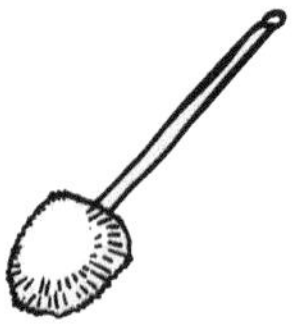

toiletborstel

piaçaba

tandenborstel

escova de dentes

tandpasta

pasta de dentes

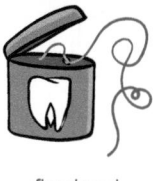

flosdraad

fio dentário

wassen

lavar

handdouche

chuveiro de mão

toiletdouche

duche íntimo

waskom

bacia

rugborstel

escova para as costas

zeep

sabonete

douchegel

gel de banho

shampoo

champô

washanje

toalha de rosto

afvoer

escoamento

creme

creme

deodorant

desodorizante

spiegel

espelho

make-upspiegel

espelho de mão

scheermes

máquina de barbear

scheerschuim

creme de barbear

aftershave

loção pós-barba

kam

pente

borstel

escova

haardroger

secador de cabelo

haarspray

spray de cabelo

make-up

maquilhagem

lippenstift

batom

nagellak

verniz de unhas

watten

algodão

nagelschaartje

tesoura para unhas

parfum

perfume

toilettas

nécessaire

kruk

tamborete

weegschaal

balança

badjas

roupão de banho

rubber handschoenen

luvas de borracha

tampon

tampão

maandverband

penso higiénico

chemisch toilet

WC químico

kinderkamer

quarto de criança

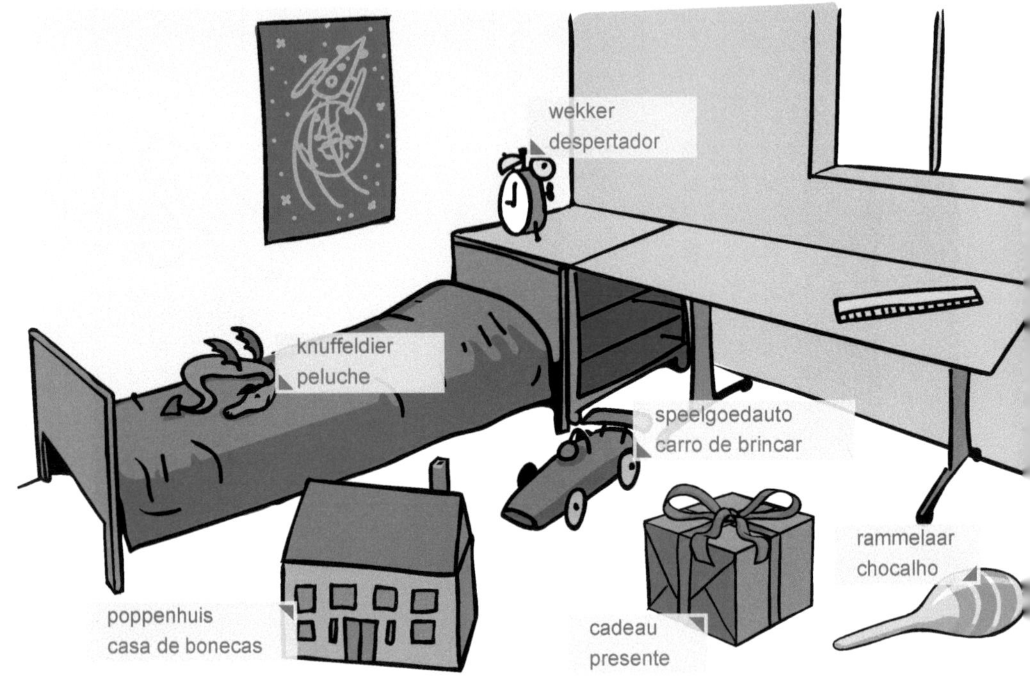

wekker
despertador
knuffeldier
peluche
speelgoedauto
carro de brincar
rammelaar
chocalho
poppenhuis
casa de bonecas
cadeau
presente

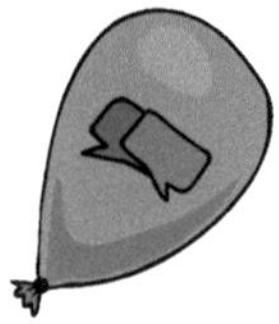

ballon
balão

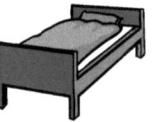

bed
cama

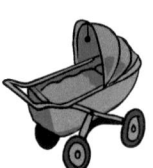

kinderwagen
carrinho de bebé

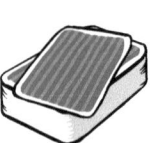

kaartspel
jogo de cartas

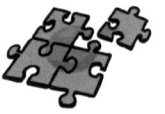

puzzel
quebra-cabeças

SUPER
MEGA

stripverhaal
banda desenhada

legostenen

peças de Lego

speelgoedblokken

blocos de construção

actiefiguurtje

figura de ação

romper

fato de bebé

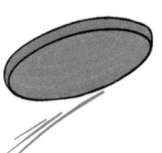

frisbee

Frisbee

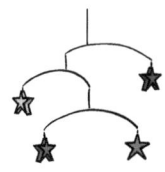

mobile

móbile para bebé

bordspel

jogo de tabuleiro

dobbelsteen

dados

modeltrein

pista de comboio elétrico

speen

chupeta

feestje

festa

prentenboek

livro ilustrado

bal

bola

pop

boneca

spelen

jogar

zandbak

caixa de areia

schommel

baloiço

speelgoed

brinquedos

spelcomputer

consola de jogos

driewieler

triciclo

teddybeer

ursinho de peluche

kleerkast

guarda-roupa

kleding

vestuário

sokken

meias

kousen

meias pelo joelho

panty

meias-calças

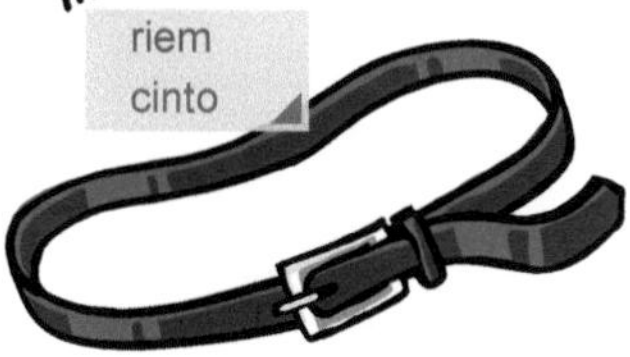

sjaal
cachecol

paraplu
guarda-chuva

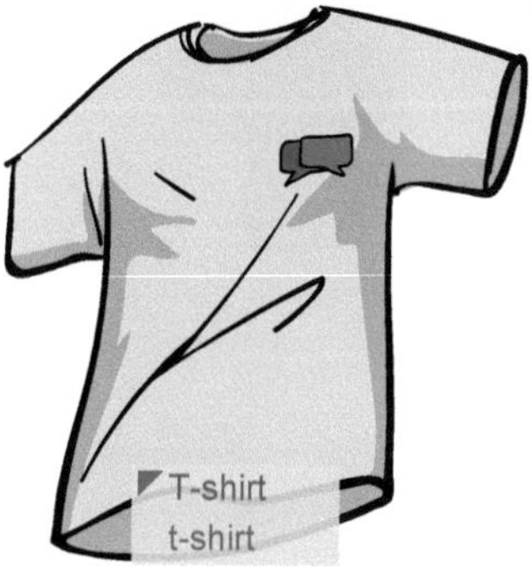

riem
cinto

T-shirt
t-shirt

sportschoenen
sapatilhas

laarzen
botas

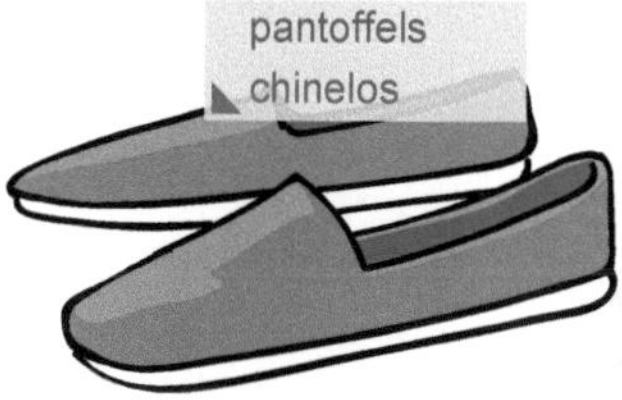

pantoffels
chinelos

sandalen
sandálias

schoenen
sapatos

rubberlaarzen
botas de borracha

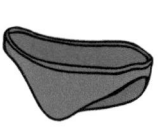

onderbroek
cuecas

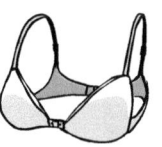

beha
sutiã

onderhemd
camisola interior

body
body

broek
calças

spijkerbroek
calças de ganga

rok
saia

blouse
blusa

overhemd
camisa

trui
pulôver

hoody
camisola com capuz

blazer
blazer

jas
casaco

mantel
manto

regenjas
gabardina

kostuum
traje

jurk
vestido

trouwjurk
vestido de casamento

pak
fato

nachthemd
camisa de dormir

pyjama
pijama

sari
sari

hoofddoek
lenço de cabeça

tulband
turbante

boerka
burca

kaftan
cafetã

abaja
abaya

zwempak
fato de banho

zwembroek
calções de banho

korte broek
calções

trainingspak
fato de treino

schort
avental

handschoenen
luvas

knoop

botão

bril

óculos

armband

pulseira

ketting

colar

ring

anel

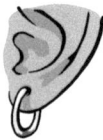

oorbel

brinco

pet

boné

kledinghanger

cabide

hoed

chapéu

stropdas

gravata

rits

fecho de correr

helm

capacete

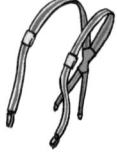

bretels

suspensórios

schooluniform

uniforme escolar

uniform

uniforme

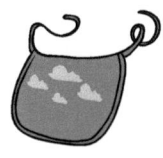

slabbetje

babete

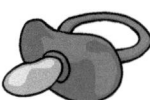

speen

chupeta

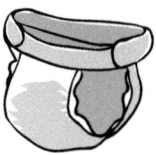

luier

fralda

kantoor

escritório

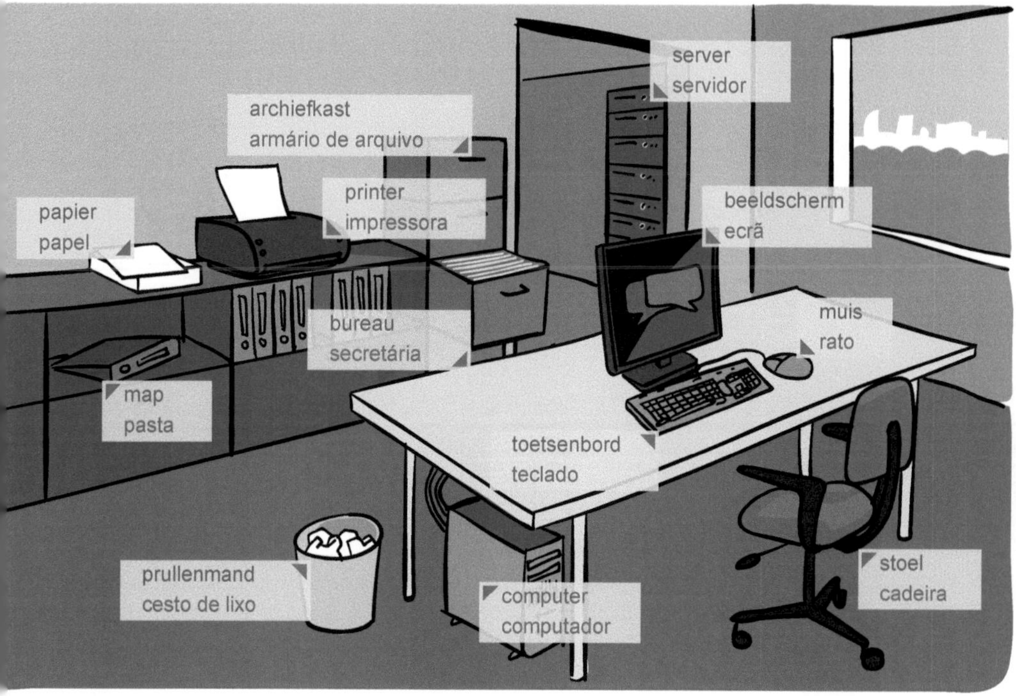
server
servidor
archiefkast
armário de arquivo
printer
impressora
papier
papel
beeldscherm
ecrã
bureau
secretária
muis
rato
map
pasta
toetsenbord
teclado
prullenmand
cesto de lixo
computer
computador
stoel
cadeira

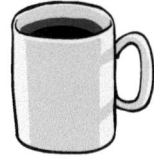

koffiemok

caneca de café

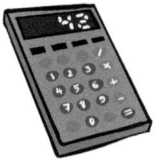

rekenmachine

calculadora

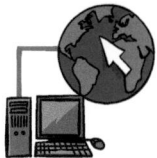

internet

internet

laptop

computador portátil

brief

carta

bericht

mensagem

mobiele telefoon

telemóvel

netwerk

rede

kopieermachine

fotocopiadora

software

software

telefoon

telefone

stopcontact

tomada elétrica

fax

fax

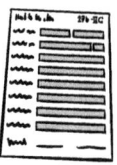

formulier

formulário

document

documento

kopen

comprar

betalen

pagar

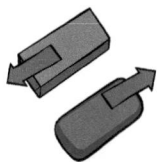

handel drijven

negociar

geld

dinheiro

USD

dollar

dólar

EUR

euro

euro

JPY

yen

yen

RUB

roebel

rublo

CHF

Zwitserse frank

franco suíço

CNY

renminbi yuan

renminbi yuan

INR

roepie

rupia

geldautomaat

caixa de multibanco

wisselkantoor

casa de câmbio

goud

ouro

zilver

prata

olie

petróleo

energie

energia

prijs

preço

contract

contrato

belasting

imposto

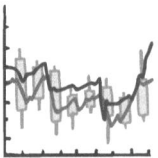

aandeel

ação

werken

trabalhar

werknemer

empregado

werkgever

entidade patronal

fabriek

fábrica

winkel

loja

politieagent
agente da polícia

brandweerman
bombeiro

kok
cozinheiro

dokter
médico

piloot
piloto

tuinman
jardineiro

timmerman
carpinteiro

naaister
costureira

rechter
juiz

scheikundige
químico

toneelspeler
ator

buschauffeur

motorista de autocarro

taxichauffeur

motorista de táxi

visser

pescador

schoonmaakster

empregada de limpeza

dakdekker

telhador

ober

empregado de mesa

jager

caçador

schilder

pintor

bakker

padeiro

elektricien

eletricista

bouwvakker

construtor

ingenieur

engenheiro

slager

talhante

loodgieter

canalizador

postbode

carteiro

soldaat

soldado

architect

arquiteto

kassier

caixa

bloemist

florista

kapper

cabeleireiro

conducteur

controlador de bilhetes

monteur

mecânico

kapitein

capitão

tandarts

dentista

wetenschapper

cientista

rabbi

rabino

imam

imã

monnik

monge

pastoor

pastor

gereedschap
ferramentas

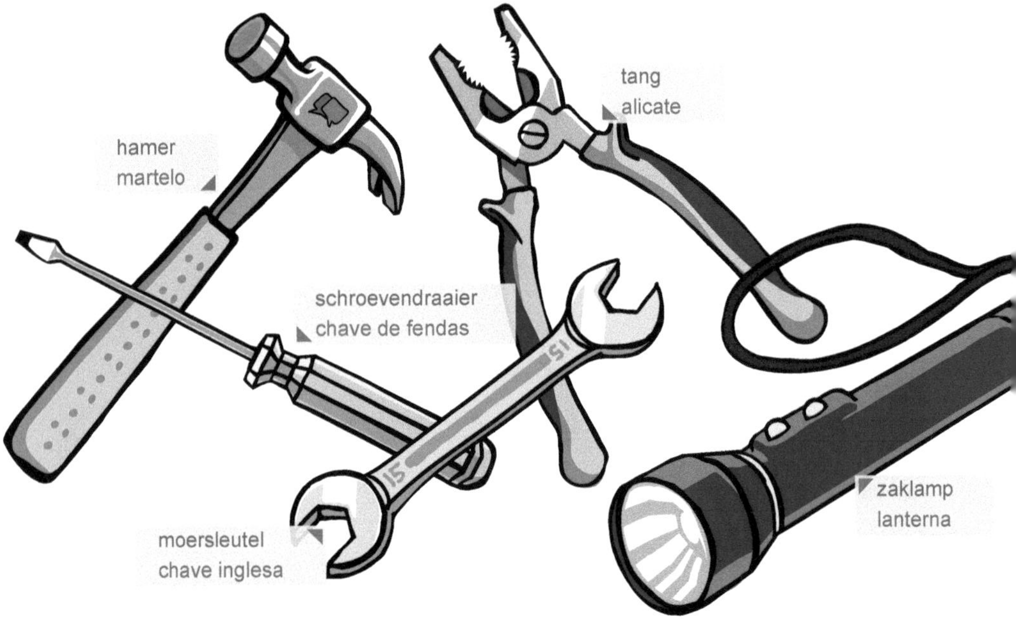
hamer
martelo
tang
alicate
schroevendraaier
chave de fendas
moersleutel
chave inglesa
zaklamp
lanterna

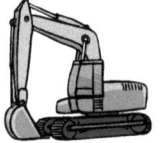

graafmachine

escavadora

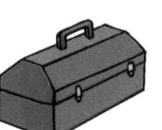

gereedschapskist

caixa de ferramentas

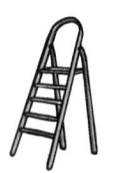

ladder

escadote

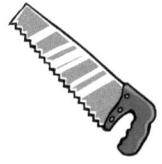

zaag

serra

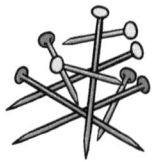

spijkers

pregos

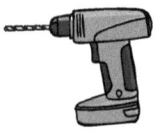

boor

broca

repareren
reparar

schep
pá

Verdorie!
porcaria!

stofblik
pá de lixo

verfpot
pote de tinta

schroeven
parafusos

muziekinstrumenten
instrumentos musicais

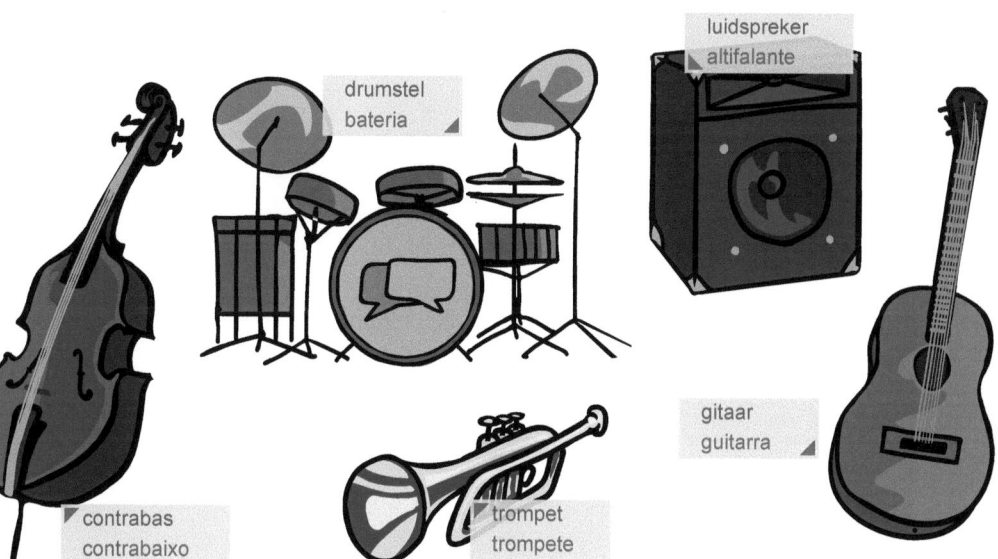

luidspreker
altifalante

drumstel
bateria

gitaar
guitarra

contrabas
contrabaixo

trompet
trompete

piano
piano

viool
violino

bas
baixo

pauk
timbales

trommel
tambor

keyboard
teclado

saxofoon
saxofone

fluit
flauta

microfoon
microfone

dierentuin
jardim zoológico

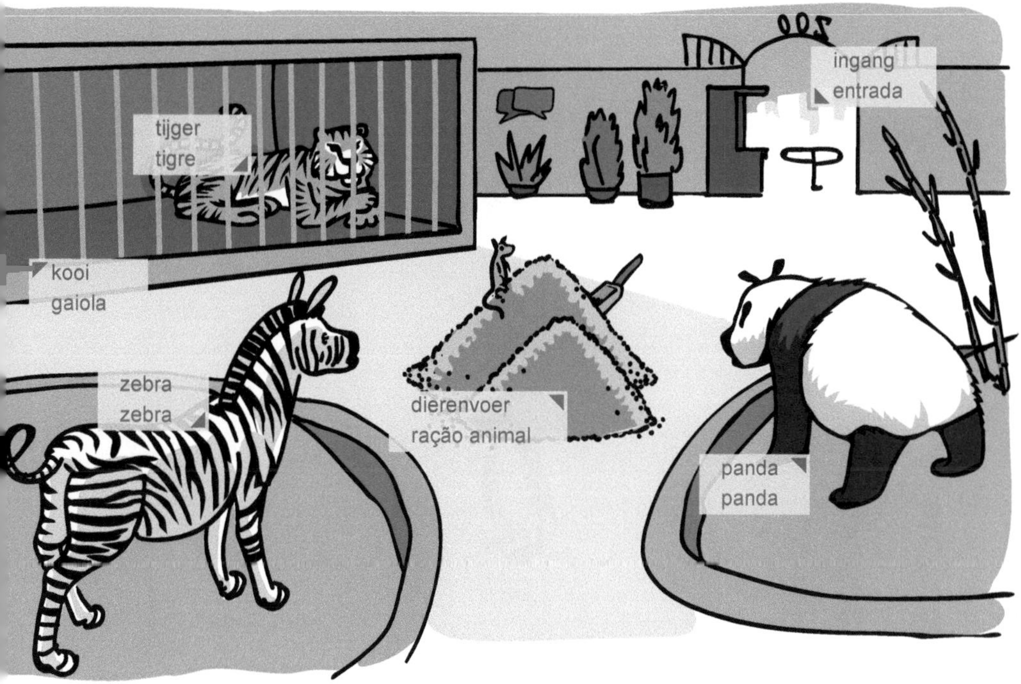
ingang
entrada
tijger
tigre
kooi
gaiola
zebra
zebra
dierenvoer
ração animal
panda
panda

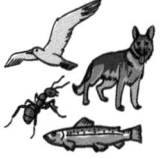

dieren
animais

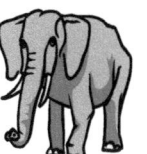

olifant
elefante

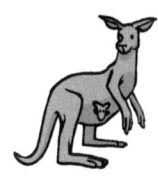

kangoeroe
canguru

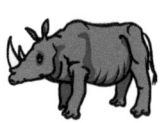

neushoorn
rinoceronte

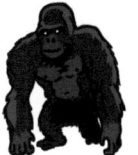

gorilla
gorila

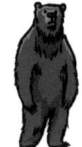

beer
urso

kameel

camelo

struisvogel

avestruz

leeuw

leão

aap

macaco

flamingo

flamingo

papegaai

papagaio

ijsbeer

urso polar

pinguïn

pinguim

haai

tubarão

pauw

pavão

slang

cobra

krokodil

crocodilo

dierenverzorger

guarda do jardim zoológico

zeehond

foca

jaguar

jaguar

pony

pónei

luipaard

leopardo

nijlpaard

hipopótamo

giraffe

girafa

adelaar

águia

wild zwijn

javali

vis

peixe

schildpad

tartaruga

walrus

morsa

vos

raposa

gazelle

gazela

American football
futebol americano

wielrennen
ciclismo

tennis
ténis

basketbal
basquetebol

zwemmen
natação

boksen
boxe

ijshockey
hóquei no gelo

voetbal
futebol

badminton
badminton

atletiek
atletismo

handbal
andebol

skiën
esqui

polo
polo

activiteiten
atividades

lachen
rir
springen
saltar
knuffelen
abraçar
lopen
andar
zingen
cantar
dromen
sonhar
bidden
rezar
kussen
beijar

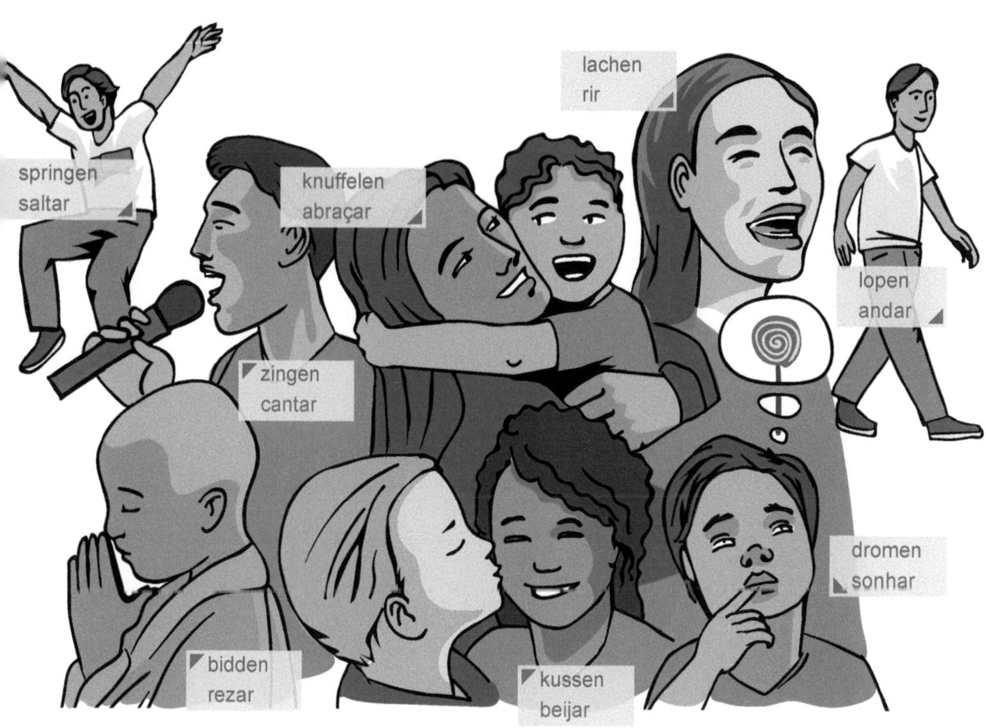

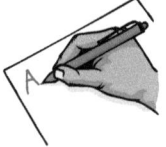

schrijven

escrever

tekenen

desenhar

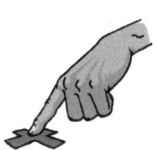

tonen

mostrar

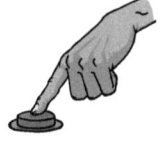

duwen

empurrar

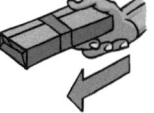

geven

dar

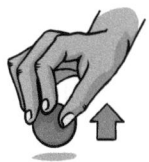

oppakken

tomar

hebben

ter

doen

fazer

zijn

ser

staan

ficar de pé

rennen

correr

trekken

puxar

gooien

remessar

vallen

cair

liggen

deitar

wachten

esperar

dragen

carregar

zitten

sentar

aankleden

vestir

slapen

dormir

wakker worden

acordar

bekijken

olhar para

huilen

chorar

strelen

acariciar

kammen

pentear

praten

falar

begrijpen

compreender

vragen

perguntar

horen

ouvir

drinken

beber

eten

comer

opruimen

arrumar

houden van

amar

koken

cozinhar

rijden

conduzir

vliegen

voar

zeilen
velejar

rekenen
calcular

lezen
ler

leren
aprender

werken
trabalhar

trouwen
casar

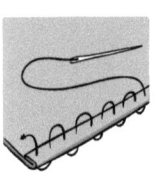

naaien
costurar

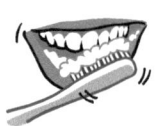

tandenpoetsen
escovar os dentes

doden
matar

roken
fumar

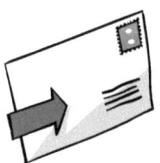

verzenden
enviar

activiteiten - atividades

familie
família

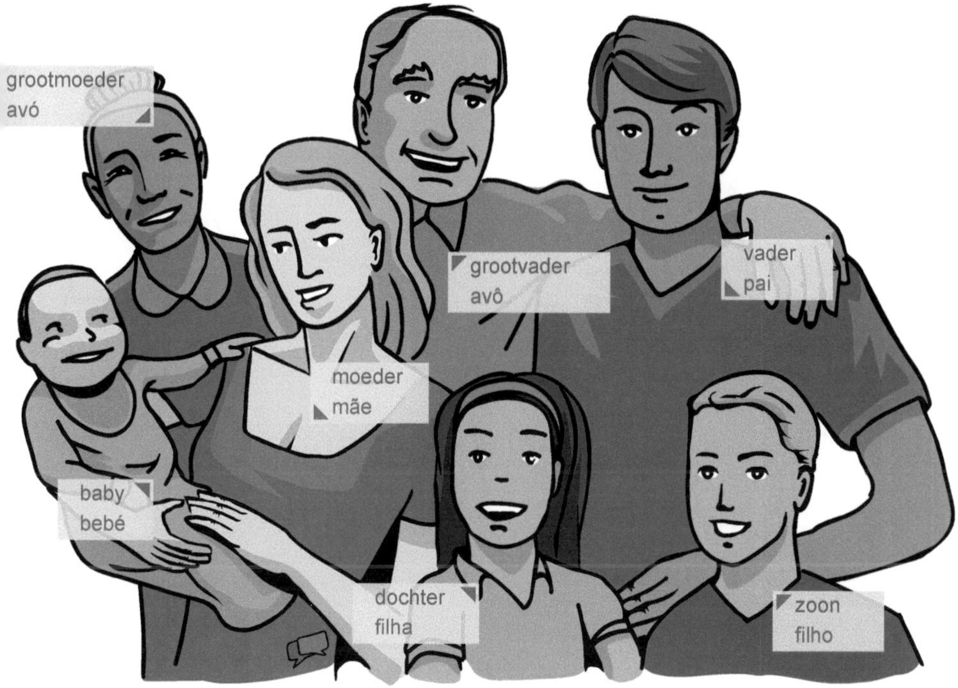
grootmoeder
avó
grootvader
avô
vader
pai
moeder
mãe
baby
bebé
dochter
filha
zoon
filho

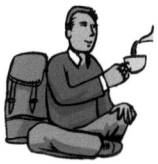

gast
convidado

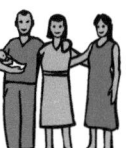

tante
tia

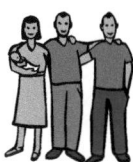

oom
tio

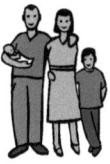

broer
irmão

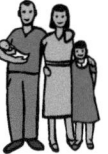

zus
irmã

lichaam
corpo

voorhoofd
testa
oog
olho
schouder
ombro
vinger
dedo
gezicht
cara
kin
queixo
hand
mão
borst
peito
been
perna
arm
braço

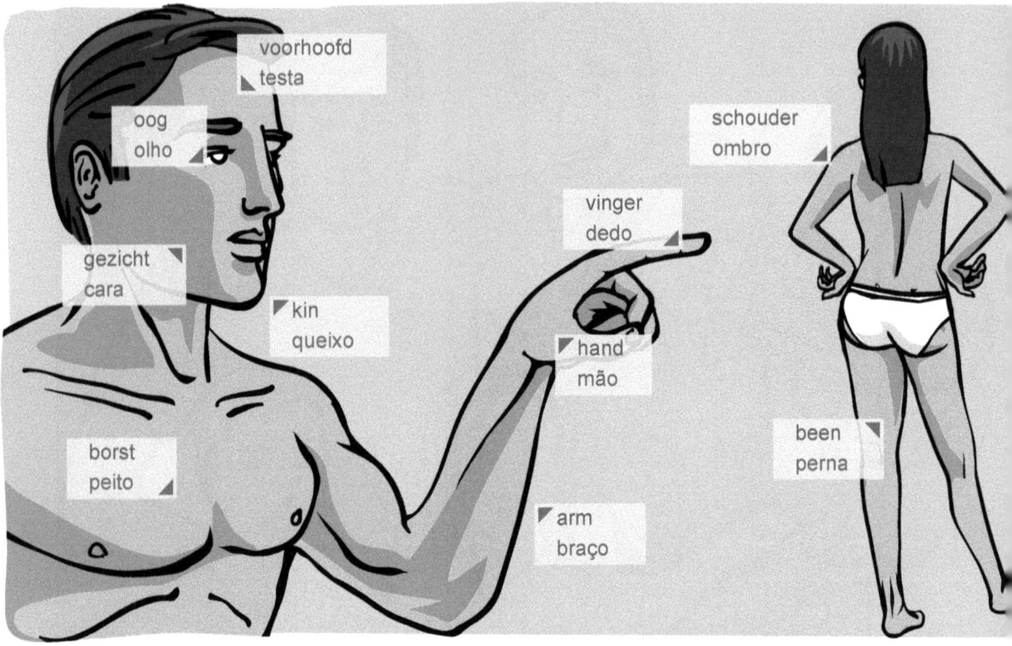

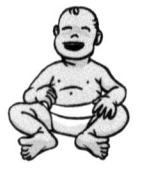

baby
bebé

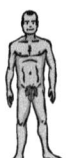

man
homem

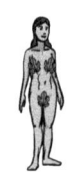

vrouw
mulher

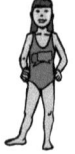

meisje
menina

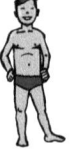

jongen
menino

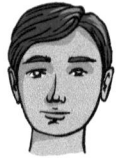

hoofd
cabeça

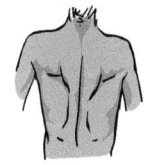

rug
costas

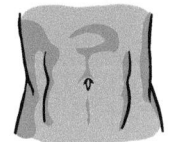

buik
barriga

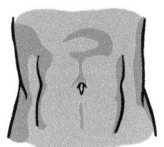

navel
umbigo

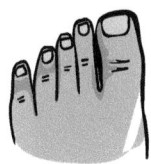

teen
dedo do pé

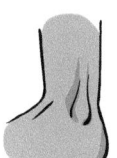

hiel
calcanhar

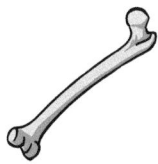

bot
osso

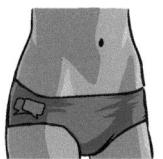

heup
anca

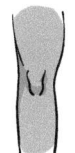

knie
joelho

elleboog
cotovelo

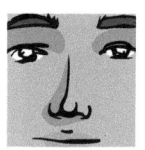

neus
nariz

achterwerk
nádegas

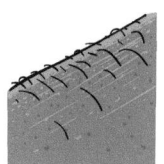

huid
pele

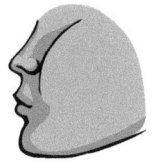

wang
bochecha

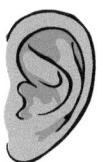

oor
orelha

lippen
lábio

mond
....
boca

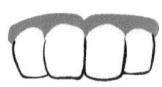

tand
....
dente

tong
....
língua

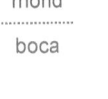

hersenen
....
cérebro

hart
....
coração

spier
....
músculo

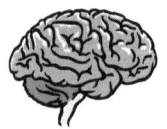

long
....
pulmão

lever
....
fígado

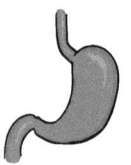

maag
....
estômago

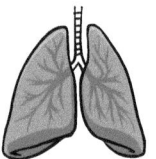

nieren
....
rins

geslachtsgemeenschap
....
relações sexuais

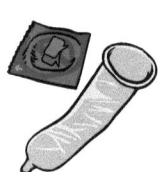

condoom
....
preservativo

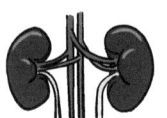

eicel
....
óvulo

sperma
....
esperma

zwangerschap
....
gravidez

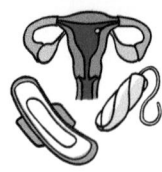

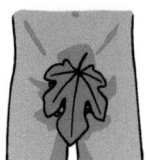

menstruatie	vagina	penis
menstruação	vagina	pénis

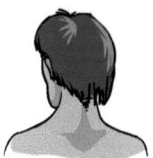

wenkbrauw	haar	hals
sobrancelha	cabelo	pescoço

ziekenhuis

hospital

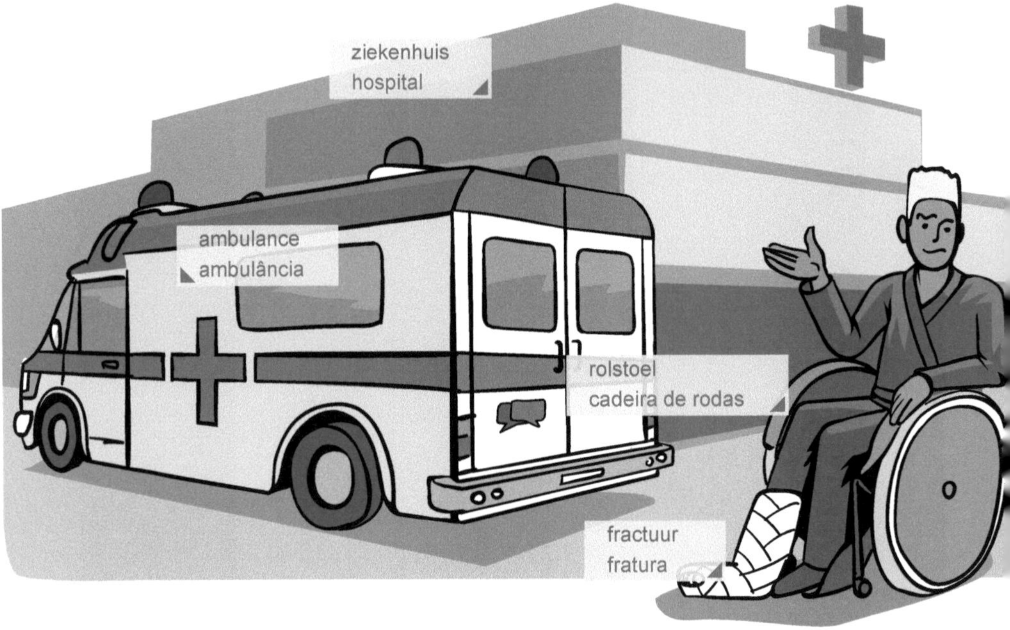

ziekenhuis
hospital
ambulance
ambulância
rolstoel
cadeira de rodas
fractuur
fratura

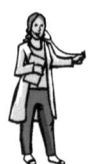

dokter

médico

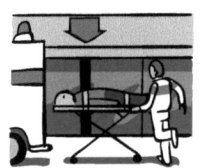

EHBO

serviço de urgências

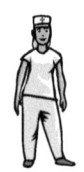

verpleegster

enfermeira

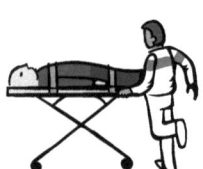

noodgeval

emergência

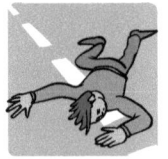

bewusteloos

inconsciente

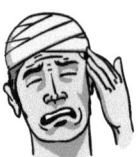

pijn

dor

verwonding

ferimento

bloeding

hemorragia

hartaanval

ataque cardíaco

beroerte

cidente vascular cerebral

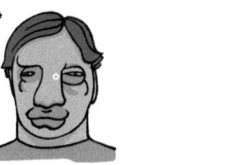

allergie

alergia

hoest

tosse

koorts

febre

griep

gripe

diarree

diarreia

hoofdpijn

dor de cabeça

kanker

cancro

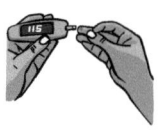

diabetes

diabetes

chirurg

cirurgião

scalpel

bisturi

operatie

operação

CT
CT

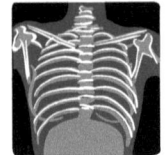

röntgen
raio x

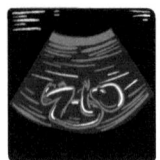

echografie
ultrassom

gezichtsmasker
máscara

ziekte
doença

wachtkamer
sala de espera

kruk
muleta

pleister
penso rápido

verband
ligadura

injectie
injeção

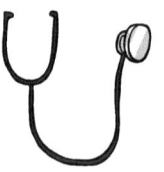

stethoscoop
estetoscópio

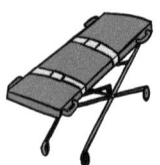

brancard
maca

thermometer
termómetro

geboorte
nascimento

overgewicht
excesso de peso

gehoorapparaat

aparelho auditivo

ontsmettingsmiddel

desinfetante

infectie

infeção

virus

vírus

HIV / AIDS

HIV / SIDA

medicijn

medicamento

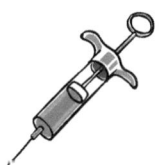

inenting

vacinação

tabletten

comprimidos

pil

pílula

alarmnummer

hamada de emergência

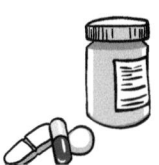

bloeddrukmeter

dispositivo de medição de
pressão arterial

ziek / gezond

doente / saudável

Help!

Socorro!

alarm

alarme

overval

assalto

aanval

ataque

gevaar

perigo

nooduitgang

saída de emergência

Brand!

Fogo!

brandblusser

extintor de incêndios

ongeluk

acidente

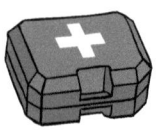

EHBO-koffer

estojo de primeiros socorros

SOS

SOS

politie

polícia

Europa

Europa

Noord-Amerika

América do Norte

Zuid-Amerika

América do Sul

Afrika

África

Azië

Ásia

Australië

Austrália

Atlantische Oceaan

Atlântico

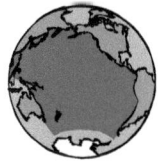

Stille Oceaan

Pacífico

Indische Oceaan

Oceano Índico

Zuidelijke Oceaan

Oceano Antártico

Noordelijke IJszee

Oceano Ártico

Noordpool

Polo Norte

Zuidpool
Polo Sul

Antarctica
Antártica

aarde
terra

land
país

zee
mar

eiland
ilha

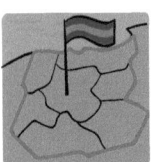

natie
nação

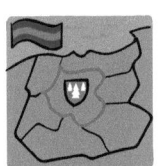

staat
estado

wijzerplaat

mostrador do relógio

uurwijzer

ponteiro das horas

minutenwijzer

ponteiro dos minutos

secondewijzer

ponteiro dos segundos

Hoe laat is het?

Que horas são?

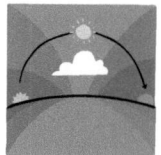

dag

dia

tijd

tempo

nu

agora

digitaal horloge

relógio digital

minuut

minuto

uur

hora

week

semana

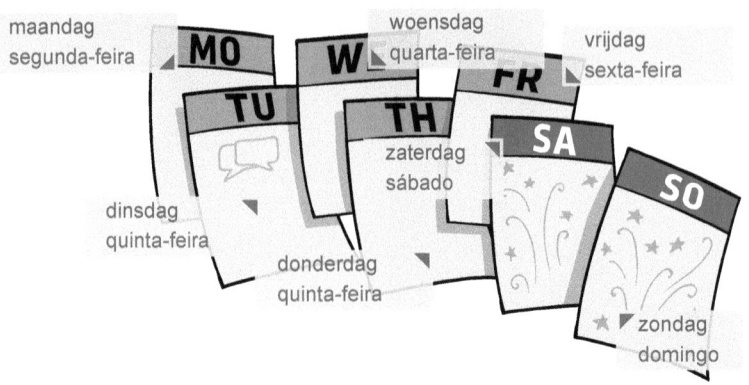

maandag
segunda-feira

woensdag
quarta-feira

vrijdag
sexta-feira

dinsdag
quinta-feira

donderdag
quinta-feira

zaterdag
sábado

zondag
domingo

gisteren

ontem

vandaag

hoje

morgen

amanhã

ochtend

manhã

middag

meio-dia

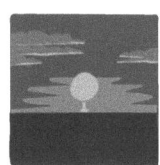

avond

entardecer

MO	TU	WE	TH	FR	SA	SU
1	2	3	4	5	6	7
8	9	10	11	12	13	14
15	16	17	18	19	20	21
22	23	24	25	26	27	28
29	30	31	1	2	3	4

werkdagen

dias úteis

MO	TU	WE	TH	FR	SA	SU
1	2	3	4	5	6	7
8	9	10	11	12	13	14
15	16	17	18	19	20	21
22	23	24	25	26	27	28
29	30	31	1	2	3	4

weekend

fim de semana

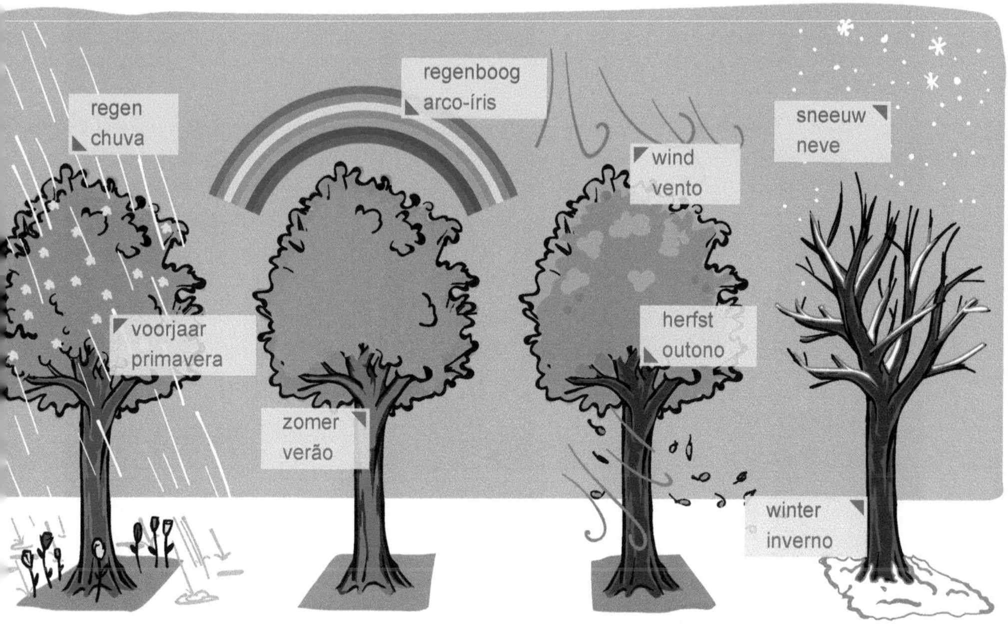

regen
chuva

regenboog
arco-íris

wind
vento

sneeuw
neve

voorjaar
primavera

herfst
outono

zomer
verão

winter
inverno

4.APRIL	11°
5.APRIL	4°
6.APRIL	13°
7.APRIL	8°
8.APRIL	10°

weerbericht
previsão do tempo

thermometer
termómetro

zonneschijn
raios de sol

wolk
nuvem

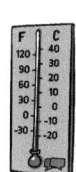

mist
neblina / nevoeiro

luchtvochtigheid
humidade do ar

bliksem
relâmpago

donder
trovão

storm
tempestade

hagel
granizo

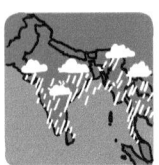

moesson
monção

overstroming
inundação

ijs
gelo

januari
janeiro

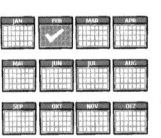

februari
fevereiro

maart
março

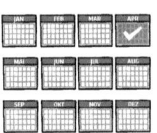

april
abril

mei
maio

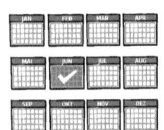

juni
junho

juli
julho

augustus
agosto

jaar - ano

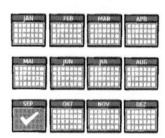

september
....
setembro

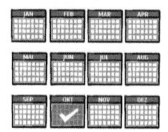

oktober
....
outubro

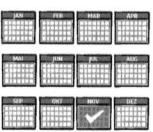

november
....
novembro

december
....
dezembro

cirkel
....
círculo

vierkant
....
quadrado

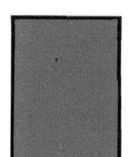

rechthoek
....
retângulo

driehoek
....
triângulo

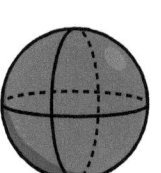

bol
....
esfera

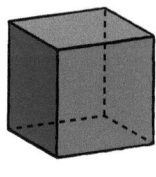

kubus
....
cubo

wit
....
branco

geel
....
amarelo

oranje
....
laranja

roze
....
rosa

rood
....
vermelho

paars
....
lilás

blauw
....
azul

groen
....
verde

bruin
....
castanho

grijs
....
cinzento

zwart
....
preto

veel / weinig

muito / pouco

boos / rustig

furioso / calmo

mooi / lelijk

lindo / feio

begin / einde

princípio / fim

groot / klein

grande / pequeno

licht / donker

claro / escuro

broer / zus

irmão / irmã

schoon / vies

limpo / sujo

volledig / onvolledig

completo / incompleto

dag/ nacht

dia / noite

dood / levend

morto / vivo

breed / smal

largo / estreito

eetbaar / oneetbaar
comestível / não comestível

gemeen / aardig
mau / gentil

opgewonden / verveeld
entusiasmado / entediado

dik / dun
gordo / magro

eerste / laatste
primeiro / último

vriend / vijand
amigo / inimigo

vol / leeg
cheio / vazio

hard / zacht
duro / macio

zwaar / licht
pesado / leve

honger / dorst
fome / sede

ziek / gezond
doente / saudável

illegaal / legaal
ilegal / legal

intelligent / dom
inteligente / burro

links / rechts
esquerda / direita

dichtbij / ver
perto / longe

nieuw / gebruikt

novo / usado

niets / iets

nada / algo

oud / jong

velho / jovem

aan / uit

ligado / desligado

open / gesloten

aberto / fechado

zacht / luid

baixo / alto

rijk / arm

rico / pobre

goed / fout

certo / errado

ruw / glad

áspero / liso

verdrietig / gelukkig

triste / feliz

kort / lang

curto / longo

langzaam / snel

lento / rápido

nat / droog

molhado / seco

warm / koel

ameno / fresco

oorlog / vrede

guerra / paz

0

nul

zero

1

één

um

2

twee

dois

3

drie

três

4

vier

quatro

5

vijf

cinco

6

zes

seis

7

zeven

sete

8

acht

oito

9

negen

nove

10

tien

dez

11

elf

onze

12

twaalf

doze

13

dertien

treze

14

veertien

catorze

15

vijftien

quinze

16

zestien

dezasseis

17

zeventien

dezassete

18

achttien

dezoito

19

negentien

dezanove

20

twintig

vinte

100

honderd

cem

1.000

duizend

mil

1.000.000

miljoen

milhão

Engels

inglês

Amerikaans Engels

inglês americano

Chinees Mandarijn

chinês mandarim

Hindi

hindi

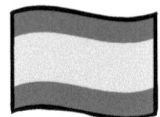

Spaans

espanhol

Frans

francês

Arabisch

árabe

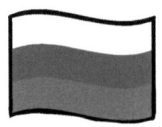

Russisch

russo

Portugees

português

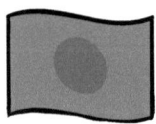

Bengalees

bengalês

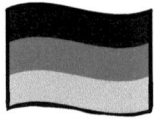

Duits

alemão

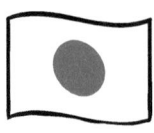

Japans

japonês

ik
eu

jij
tu

hij / zij / het
ele / ela

wij
nós

jullie
vós

zij
eles / elas

wie?
quem?

wat?
o quê?

hoe?
como?

waar?
onde?

wanneer?
quando?

naam
nome

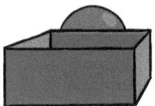

achter
....
atrás

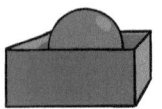

in
....
em

voor
....
à frente de

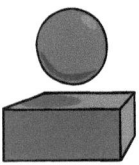

boven
....
sobre

op
....
em cima

onder
....
debaixo

naast
....
ao lado

tussen
....
entre

plaats
....
lugar